L'ASSASSIN

DE

BOYVIN,

OU L'AVOCAT STAGIAIRE,

COMÉDIE-VAUDEVILLE EN UN ACTE,

PAR

M. LÉCOSSE.

REPRÉSENTÉ POUR LA PREMIÈRE FOIS, A PARIS, SUR LE THÉATRE DU GYMNASE DRAMATIQUE,
LE 3 JUIN 1843.

PARIS,

TRESSE, Libraire, Palais-Royal, | MARCHANT, boul. St-Martin, 12.

ET AU FOYER DU GYMNASE.

1843

[illegible]

[illegible]

[illegible]

[illegible]

[illegible]

L'ASSASSIN

DE

BOYVIN,

OU L'AVOCAT STAGIAIRE,

COMÉDIE-VAUDEVILLE EN UN ACTE,

PAR

M. LÉCOSSE.

REPRÉSENTÉ, POUR LA PREMIÈRE FOIS, A PARIS, SUR LE THÉATRE DU GYMNASE-DRAMATIQUE, LE 3 JUIN 1843.

PARIS,

TRESSE, Libraire, Palais-Royal. | MARCHANT, boul. St-Martin, 12.

ET AU FOYER DU GYMNASE.

1843

<table>
<tr><td>PERSONNAGES.</td><td>ACTEURS.</td></tr>
<tr><td>Mme D'HERBINIÈRE, propriétaire</td><td>Mlle JULIENNE.</td></tr>
<tr><td>AMANDA, sa nièce</td><td>Mlle CÉLINE VALLÉE.</td></tr>
<tr><td>HENRI, son neveu, et cousin d'Amanda</td><td>M. NUMA.</td></tr>
<tr><td>LÉON, amant d'Amanda</td><td>M. JULES LUGUET.</td></tr>
<tr><td>BIDOUX, vieux rentier</td><td>M. RÉBARD.</td></tr>
<tr><td>CHARLOTTE, domestique de Mme d'Herbinière</td><td>Mlle DÉSIRÉE.</td></tr>
<tr><td>UN GENDARME</td><td>M. BORDIER.</td></tr>
</table>

La scène se passe dans la maison de campagne de Mme d'Herbinière, aux portes de Moulins.

L'ASSASSIN DE BOYVIN

ou

L'AVOCAT STAGIAIRE.

Le théâtre représente un salon au rez-de-chaussée. Porte d'entrée au fond ; portes latérales. Une fenêtre. Une table à ouvrage.

SCÈNE PREMIÈRE.

AMANDA, CHARLOTTE.

AMANDA, *à la porte du fond, qu'elle tient entr'ouverte.* Charlotte... Charlotte.

CHARLOTTE, *arrivant.* Quoique vous v'lez, mamselle ?

AMANDA. Pas si haut donc !... Le journal est-il arrivé ?

CHARLOTTE. La Gazette de Moulins... la v'là !

AMANDA. Donne donc vite !... Ma tante n'est pas encore levée ?

CHARLOTTE, *le lui donnant.* Non, mamselle. Mais ne déchirez pas la bande, madame me gronderait ; elle aime tant à lire son journal la première !

AMANDA. Sois tranquille... ma tante n'en saura rien. (*Elle enlève la bande.*) Voyons !...

Elle parcourt vivement.

CHARLOTTE. Quoi donc qui vous intéresse tant dans le journal, mamselle ?... Ah ! que je suis bête !... C'est sûrement la grande affaire qui occupe tout le monde à Moulins et dans les environs... un crime atroce. En parle-t-on, mamselle, de l'assassin de Boyvin ?

AMANDA, *lisant toujours.* Oui, oui.

CHARLOTTE. Et a-t-on retrouvé sa femme à monsieur Boyvin, mamselle ?

AMANDA, *lisant.* Non, pas encore.

CHARLOTTE, *à elle-même.* En v'là une femme légère ! et pourtant elle est deux fois grosse comme madame !... Eh ben, ça n'empêche pas que l'autre jour on disait chez l'épicier que mame Boyvin avait eu tant de soupirants avant son mariage, qu'elle en a conservé l'habitude après. Dernièrement on parlait d'un serpent du 34me de ligne, qui est parti pour Clermont il y a huit jours... et à présent il paraît qu'il lui en faut des jeunes aussi, car on dit que l'assassin de Boyvin n'a pas plus de vingt-six ans !... Pauvre jeune homme ! risquer sa vie par amour !...

AMANDA. Comment ! tout le monde croit donc que c'est par amour !... On peut penser que c'est pour madame Boyvin... et que ce jeune homme est réellement coupable !

CHARLOTTE. Mais c'est sûr, puisqu'on l'a pris en se sauvant.

AMANDA. Ce n'est pas une raison.

CHARLOTTE. Pourquoi qu'il se sauvait alors ? Si vous entendiez le garde champêtre ! il en défile, celui-là ! et il dit que s'il était la justice... Mais c'est mame d'Herbinière, vot' tante, qui va être heureuse !... Vous me direz, la femme d'un ancien juge... un procès au criminel... quand elle ne manque pas même une séance de la correctionnelle !... Aime-t-elle ça, mon Dieu !... Enfin tous les prisonniers, c'est ses pauvres à elle, elle ne fait d'aumône qu'à ceux-là.

On entend sonner à gauche.

AMANDA, *qui s'était remise à lire.* On vous sonne, Charlotte !

CHARLOTTE. Me v'là, madame !... Après ça, ce Boyvin ne l'a pas volé, il est si godiche !... Aller se faire tirer un coup de fusil dans un bois... il n'y a qu'une bête... (*On sonne encore.*) Me v'là, madame !...

Elle sort.

SCÈNE II.

AMANDA, *seule.*

En vérité, je ne sais comment je ne me suis pas encore trahie depuis trois jours ! n'est-ce pas jouer de malheur !... Pourquoi faut-il que dans cette funeste soirée monsieur Léon m'ait fait demander un entretien, et que j'aie consenti à lui parler un instant à la petite porte du jardin ! un coup de vent vint la fermer... pour rentrer par la grille, je fus obligée de traverser le bois. Pauvre Léon, il m'accompagnait lorsqu'en entendant le coup de feu et les cris de monsieur Boyvin, il a pris la fuite, pour ne pas me compromettre bien sûr. Et au fait, si l'on m'avait vue avec lui ! et depuis ces trois mortels jours il est en prison. Mon Dieu, comment cela doit-il finir ? avec les idées, les principes si rigides de ma famille... quand je l'oserais , je ne pourrais parler.

Air : *J'en guette un petit, etc.*

Oh ! oui, nous avons tout à craindre
Après un semblable revers.
Mais lui, combien je dois le plaindre ,
Car c'est pour moi qu'il gémit dans les fers.
Sur son destin vainement je soupire ,
Quand je pourrais terminer son malheur
Par un seul mot ; faut-il donc que l'honneur
Me défende, hélas ! de le dire !

SCÈNE III.

AMANDA, Mme D'HERBINIÈRE.

Mme D'HERBINIÈRE, *entrant par la gauche, avec empressement.* Amanda, il est arrivée ! où est-il ?

AMANDA, *remettant la bande du journal à la dérobée.* Qui donc, ma tante ?

Mme D'HERBINIÈRE. Le journal !

AMANDA , *le lui donnant.* Le voici, ma tante.

Mme D'HERBINIÈRE. Tu ne l'as pas lu, au moins ? (*A part.*) Une affaire aussi scabreuse !... (*Le parcourant.*) Qu'est-ce qu'on va nous dire aujourd'hui de l'assassin de Boyvin ?...

AMANDA. Oh ! ma tante, il n'est encore qu'accusé !

Mme D'HERBINIÈRE. Oui... mais d'avoir assassiné ! Quand je pense qu'il y a dix ans qu'on n'avait vu d'assassinats dans le département... tandis qu'à Nevers... Il y a vraiment des gens qui ont du bonheur. Enfin, ce sera une belle cause, et j'ai tout lieu de croire que c'est à ton cousin Henri que sera confiée la défense !

AMANDA. Quoi ! mon cousin...

Mme D'HERBINIÈRE, *dépliant le journal.* Sans doute... Pourquoi serais-je sortie tous ces jours-ci, sinon pour faire des démarches en sa faveur auprès de monsieur Destournelles, le président de la cour, le juge d'instruction et tous les conseillers ? alors je ne doute pas... Voyons. (*Elle lit.*) « Traité d'u-» nion douanière avec la Belgique. » Deux colonnes pour ça !... enfin !... Ah ! (*Lisant.*) « Tribunaux... Moulins... Tentative d'assas-» sinat... Accusation d'adultère. » Nous y voilà ! Écoute bien.

AMANDA. Oui, oui, ma tante.

Mme D'HERBINIÈRE, *à part.* Je passerai sous silence les endroits dangereux. (*Lisant.*) Hum ! hum ! « L'assassin de Boyvin... » A propos... Monsieur Bidoux qui devait venir nous donner des nouvelles !

AMANDA. Il n'est pas encore arrivé.

Mme D'HERBINIÈRE, *lisant.* « L'assassin de » Boyvin, qui jusqu'ici n'avait voulu répon-» dre à aucune question, persiste à garder le » silence le plus complet. » C'est naturel ! il a peur de se compromettre.

AMANDA. Il a raison !

Mme D'HERBINIÈRE. Pauvre jeune homme ! (*Lisant.*) « Quant à la femme de Boyvin, qui » a disparu au moment de l'attentat, elle a » échappé aux recherches les plus actives. » Une femme faire un tel scandale ! quelle immoralité !... (*Lisant.*) « L'accusé a constam-» ment refusé de décliner ses noms et pré-» noms ; mais tout porte à croire qu'il fait » partie d'une de ces bandes de brigands qui » infectent encore le Forez et l'Auvergne. » Oh ! ce sera très-curieux ! Nous suivrons tous les débats, ma nièce !

AMANDA. Oh ! ma tante !... (*A part.*) Je n'oserais jamais.

Mme D'HERBINIÈRE. Et quel plaisir d'entendre ton cousin ! car c'est lui, je l'espère bien , qui sera le défenseur de l'accusé , et il triomphera, j'en suis sûre... Oh ! cette cause sera une fortune pour lui et pour toi, car elle lui donnera dans le barreau une place distinguée, qui pourra le mener à tout ;

il sera substitut avant peu... et vous vous marierez deux ans plus tôt peut-être.

AMANDA. Nous marier !... Quoi ! ma tante, vous voulez donc toujours ?

Mme D'HERBINIÈRE. Certainement...... Toute notre famille a brillé dans la robe, et pour que vous ne fassiez pas exception, ma nièce, vous épouserez votre cousin... qui, s'il plaît à Dieu, sera bientôt substitut, et davantage peut-être, après avoir été avocat... avocat, c'est-à-dire un homme dont la noble mission est de disputer à la société une tête qu'elle réclame, qui tient dans sa main le pour et le contre, et qui peut, à sa volonté, faire triompher l'un ou l'autre.... vous êtes trop heureuse.

AMANDA, *souriant*. Mais mon cousin ne tient rien encore.

Mme D'HERBINIÈRE. Et que lui manque-t-il ?... des causes ?... oh ! si j'étais homme... je voudrais lui en donner.... et de magnifiques.... de retentissantes !.... mais une faible femme.... j'ai fait ce que j'ai pu.... j'ai commencé par intenter un procès à un voisin pour une perche de terre.... j'avais tort, mais je voulais produire mon neveu.... j'ai perdu, je devais perdre, je le savais.... mais que Henri a été beau !.... il a parlé pendant trois heures ! pour une perche de terre... pendant trois heures. Et dernièrement encore, comme il a plaidé contre ce pharmacien accusé d'un funeste quiproquo, et que le tribunal, dans son aveuglement, a acquitté tout d'une voix !

AIR : *Un homme pour faire, etc.*

Mon neveu, malgré cet abus,
C'était une affaire assez forte,
A pendant cinq heures et plus,
Péroré, mais de telle sorte,
Que son adversaire, en défaut,
Étourdi par son éloquence,
Ne put lui répondre un seul mot...
Car on suspendit l'audience !

Oh ! il ira loin !.... mais ce n'est pas de ce fretin de procès qui lui faut, c'est une bonne et noble cause criminelle.... et il va l'avoir... A tout prix je veux qu'il défende l'assassin de Boyvin !...

SCENE IV.

LES MÊMES, BIDOUX.

BIDOUX, *entrant timidement par le fond.* Mesdames....

Mme D'HERBINIÈRE. Eh ! arrivez donc, monsieur Bidoux.... nous attendions avec impatience votre visite habituelle du matin.

BIDOUX. Vous êtes bien bonne.... vos santés, voisines, sont toujours....

Mme D'HERBINIÈRE. Parfaites !.... Mais voyons !.... avez-vous quelques nouveaux détails sur l'assassinat ?....

BIDOUX, *tremblant.* Sur.... (*A part.*) Ce mot-là me fait frissonner ?....

AMANDA. L'accusé sera acquitté, n'est-ce pas, monsieur Bidoux ?

BIDOUX. Je.... je le crois.

Mme D'HERBINIÈRE. Oh !.... s'il n'est pas bien défendu... il doit être condamné !...

BRIDOUX. C'est à craindre.... et monsieur Henri ?

Mme D'HERBINIÈRE. Il est en retard comme vous, car il devait venir ce matin me rendre ses devoirs, comme à l'ordinaire.... mais parlez-nous donc de Boivin....

BIDOUX, *sautant malgré lui.* Boyvin !... (*A part.*) Toujours ce nom fatal !...

Mme D'HERBINIÈRE. Son état s'améliore-t-il ?

BIDOUX. Son état ? (*A part.*) Elle m'interroge... et j'ai peur de trop parler...

Mme D'HERBINIÈRE. Oui... son état... Ah ! ça, qu'est-ce que vous avez donc ce matin ?

BIDOUX, *riant du bout des lèvres.* Rien, rien, chère voisine.... (*A part.*) Je me compromets.. (*Haut.*) Vous me demandiez si l'état de...

Mme D'HERBINIÈRE. De Boyvin !...

BIDOUX, *avec un léger frémissement.* Boyvin... oui, j'entends bien..

Mme D'HERBINIÈRE. Ah ! mon Dieu !.... votre air troublé...

AMANDA, *vivement.* Est-ce qu'il serait mort ?...

BIDOUX, *vivement aussi.* Non... non... au contraire...

Mme D'HERBINIÈRE. L'affaire serait plus importante.

BIDOUX. Le coup de feu... ne lui a que légèrement entamé une portion du fémur. Le médecin assure que dans quelques jours il sera sur ses jambes.

Mme D'HERBINIÈRE. Ah ! vous croyez !... à la bonne heure....Au fait, que dit-on dans le public ?...

BIDOUX. Mais, dame ! on ne sait que penser... on parle beaucoup... on fait des suppositions contradictoires.

Mᵐᵉ D'HERBINIÈRE. Et quelles suppositions?...

BIDOUX. Les uns disent oui... les autres disent non...

Mᵐᵉ D'HERBINIÈRE. Et votre opinion à vous?

BIDOUX. Moi... je pense comme les uns et comme les autres. (*A part.*) Mon opinion... si je pouvais connaître la leur... (*Haut*) Ça me rappelle qu'hier au soir, en me couchant... pardon de l'expression... je lisais dans une recueil d'anecdotes divertissantes le récit d'un meurtre...

AMANDA, *vivement*. Semblable...

BIDOUX. Absolument... un individu reçoit à la brune... un coup de fusil...

Mᵐᵉ D'HERBINIÈRE. Dans quel endroit?...

BIDOUX. Précisément dans la même portion du fémur...

Mᵐᵉ D'HERBINIÈRE. Eh! ce n'est pas ça... est-ce aussi au milieu d'un bois?...

BIDOUX. Ah! oui, oui... Pour lors, un chasseur malencontreux se trouve là... un jeune homme, qu'on accuse, qu'on arrête, quand c'est un autre qui avait fait le coup.

Mᵐᵉ D'HERBINIÈRE. Un autre?...

AMANDA. Et le jeune homme accusé injustement fut acquitté, n'est-ce pas?... ·

BIDOUX. Certainement.... il n'y avait pas de preuves contre lui....

AMANDA. Et puis.... le vrai coupable a avoué...

BIDOUX, *hésitant*. Non.

AIR de Partie carrée.

Il le voulait d'abord, je le soupçonne,
Mais pour ce crime imprudemment commis,
 Dès qu'il vit enfin que personne
 Ne pouvait être compromis,
 Sans croire mériter le blâme,
 Il se tint coi, vivant en paix,
Et n'avoua que près de rendre l'âme...
 Vingt ou trente ans après!

AMANDA. Ah!....

BIDOUX. Qu'est-ce que vous pensez de çà, ma chère voisine?....

Mᵐᵉ D'HERBINIÈRE, *avec mépris*. Allons donc.... moi, qui écoutais votre anecdote.... c'est tout au plus digne de la police correctionnelle.... un assassin par accident, qui se cache, qui tire sur un homme, et qui n'a pas le courage de se dénoncer lui-même... tandis qu'ici.... un attentat, suite d'une passion coupable....

AMANDA. Moi... je trouve ça abominable... laisser en prison un jeune homme innocent.

BIDOUX. Mais puisqu'il n'y avait pas de preuves contre lui.... et qu'il fut acquitté...

AMANDA. Ça n'empêche pas que le vrai coupable a dû être malheureux toute sa vie.

Mᵐᵉ D'HERBINIÈRE. Certainement.... il a dû être bourrelé de remords....

BIDOUX. De remords!.... vous croyez..... (*A part.*) Bourrelé!.... au fait ça doit être bien gênant.

Mᵐᵉ D'HERBINIÈRE. Mais qu'est-ce que... c'est lui!....

BIDOUX, *effrayé*. Hein!....

Mᵐᵉ D'HERBINIÈRE. Henri!

SCÈNE V.

LES MÊMES, HENRI.

HENRI. Ah! ma tante!.... ma chère cousine.... permettez que je vous embrasse.....

AMANDA, *reculant*. Qu'avez-vous donc, mon cousin?....

HENRI. Je suis dans le paroxysme de la gloire et de la joie.... dans l'ivresse qui me déborde.... j'embrasserais... j'embrasserais même le père Bidoux.

BIDOUX. Monsieur Henri, je suis bien flatté. ...

HENRI. Oui, ma chère Amanda, à dater d'aujourd'hui, une noble carrière s'ouvre devant moi.... et c'est pour vous surtout que j'en suis glorieux.... si je désire me faire un nom... c'est pour vous l'offrir plus brillant... car j'espère que bientôt vous daignerez l'accepter....

AMANDA, *baissant les yeux*. Mon cousin!

HENRI. Et gardez-vous de croire que ce soit parce que notre respectable tante doit nous assurer toute sa fortune à l'occasion de ce mariage.... Oh! non!....

Mᵐᵉ D'HERBINIÈRE. Sans doute, sans doute; mais dis nous donc!....

HENRI. Vous ne savez pas.... vous ne devinez pas?

AMANDA. Quoi donc?

HENRI. Après tant de vœux inutilement formés, après tant et de si nobles espérances déçues... je touche enfin le premier degré de l'échelle qui doit m'élever au faîte... au comble de tous mes désirs... en un mot... le criminel...

BIDOUX *et* LES DEUX FEMMES. Le criminel...

HENRI, *frappant fortement sur l'épaule de Bidoux.* Il est dans mes mains!...

BIDOUX. Ah! grands dieux!...

HENRI. Je vous ai fait mal!...

BIDOUX, *tremblant.* Non... non... c'est que...

Mme D'HERBINIÈRE. Explique-toi!...

HENRI. Je visite souvent la prison, vous ne l'ignorez pas, ma tante... vous m'avez souvent chargé de porter moi-même les secours que vous destinez aux malheureux prisonniers... Cette mission m'était chère et pouvait en même temps m'être utile... J'ai employé à me mettre bien avec tous les geôliers et porte-clefs mille et une petites attentions délicates, qui enfin rapportent leurs fruits... Le jour de gloire est arrivé... Hier dans la journée, Barbaroux, le concierge de la prison, m'a annoncé que l'assassin de Boyvin...

Mme D'HERBINIÈRE. Ah!...

HENRI. M'avait choisi pour son défenseur.

BIDOUX, *à part.* Le malheureux!...

Mme D'HERBINIÈRE. Ce cher neveu!..... une affaire criminelle!...

HENRI. C'est du bonheur!..... Depuis si longtemps qu'il n'y avait eu à Moulins de session de la cour d'assises... Un assassinat se commet enfin... Il y a une providence... pour les avocats...

AMANDA. On va donc mette ce jeune homme en jugement?...

BIDOUX, *timidement.* Est-ce qu'il avoue le meurtre?

HENRI. Ah!... laissez-moi respirer?...

Mme D'HERBINIÈRE. Voyons!... qu'on se taise. (*A Henri.*) Tu l'as vu?...

HENRI. Sans doute... hier au soir...

AMANDA. Est-il bien affecté?...

HENRI. Mais non, pas trop...

Mme D'HERBINIÈRE. Est-il beau?...

HENRI. Pas présisément... mais une figure... remarquable... une de ces physionomies empreintes... d'une destinée... ténébreuse...

AIR : *Connaissez mieux le grand Eugène.*

Vous connaissez le roman magnifique
De Notre-Dame de Paris...
Sur un vieux mur de cette basilique
Un mot grec fut gravé jadis;
On en voit encor les débris.
Par le sort au front du coupable
Ce mot terrible aussi semble incrusté.
Oui sur ce front, stigmate redoutable,
On peut lire : Fatalité!

Mme D'HERBINIÈRE Fatalité..... c'est bien cela...

HENRI. Le terrible mot grec ANANKAI. Mais ce n'est pas tout. (*Regardant de tous côtés et avec mystère.*) Il m'a révélé son nom!...

TOUS. Ah!...

HENRI. Ce nom qu'il dérobait avec tant de soin à tout le monde...

TOUS. Eh bien?...

HENRI. Il s'appelle Léon!...

Mme D'HERBINIÈRE. Léon!... quel nom charmant!... Et oui, mais... le nom de sa famille!...

HENRI. Chut!... c'est un secret. (*A part.*) Il n'a jamais voulu me le dire...

AMANDA. Il ne se disculpe pas...

Mme D'HERBINIÈRE. Mais laisse donc parler ton cousin, Amanda! (*A Henri.*) Continue... son état dans le monde...

HENRI. Oh!... Artiste, je crois... de ces artistes au cœur chaud, à la tête exaltée...

Mme D'HERBINIÈRE. Je brûle de le voir!

BIDOUX. Ah ça.... monsieur Henri... vous le croyez donc réellement coupable?...

HENRI. Si je le crois! Je le dis à regret... Dans l'intérêt de ma cause, il est essentiel qu'il le soit... Quel mérite y aurait-il à faire acquitter un innocent... mais un coupable...

BIDOUX. Vous êtes donc bien sûr que vous parviendrez...

Mme D'HERBINIÈRE. D'ailleurs il ne peut-être bassement coupable... c'est la fatalité... ANANKAI, comme dit mon neveu...

HENRI. Les journaux avaient répandu le bruit qu'il appartenait à quelque bande de brigands... Mais ce n'est pas le vol à main armée... c'est un autre motif...

Mme D'HERBINIÈRE. Un autre motif?...

HENRI. Je vous recommande la plus grande discrétion!... Vous comprenez l'importance de la révélation que je vais vous faire?...

Mme D'HERBINIÈRE. Oh! sois tranquille!...

HENRI. Il nie le meurtre.. il le nie imperturbablement!...

BIDOUX *et* Mme D'HERBINIÈRE, *d'un ton différent.* Ah!...

HENRI. Attendez!... Et il m'a avoué qu'il

était venu à Moulins pour y rencontrer une femme qu'il aime...

Mme D'HERBINIÈRE. Madame Boyvin!

HENRI. Il soutient que non!

AMANDA, *avec embarras*. Et il ne dit pas quelle est celle...

HENRI. Chut!... C'est un mystère... Mais moi, j'ai la conviction... la conviction intime... que c'est madame Boyvin!...

AMANDA, *à part*. Il ne sait rien!...

HENRI. D'autant plus que ladite dame..... n'en est pas à sa première intrigue... et voilà ce qui sauve mon intéressant client... l'entraînement de la passion... il n'a vu dans le mari qu'un rival...

BIDOUX, *vivement*. Ainsi... cher monsieur Henri, vous répondez de lui corps pour corps.

HENRI. Corps pour corps... c'est beaucoup dire... Quant à mon plaidoyer, j'en réponds. Je veux produire un effet immense... je serai beau, retentissant, foudroyant... vous entendrez ma péroraison.

SCENE VI.

LES MÊMES, CHARLOTTE, *puis un* GENDARME.

CHARLOTTE. Madame!... c'est un gendarme...

BIDOUX, *effrayé*. Un gendarme!...

CHARLOTTE. Qui demande à parler à monsieur Henri.

HENRI. J'y vais!...

Mme D'HERBINIÈRE, *le retenant*. Non... Faites entrer, Charlotte.

BIDOUX, *à part*. Ah! mon Dieu! (*Haut.*) Pardon, mes voisines, je me retire...

Mme D'HERBINIÈRE. Pourquoi donc?... restez, au contraire... c'est peut-être quelque événement...

BIDOUX, *à part*. La présence de ce gendarme me fait palpiter... Je palpite...

Mme D'HERBINIÈRE. Comme une affaire criminelle se présente d'une manière grandiose!... La gendarmerie ne marche pas ainsi pour une affaire civile. (*Le Gendarme paraît.*) Entrez, monsieur, entrez!...

LE GENDARME. Salut, mesdames, la compagnie...

HENRI. Qu'est-ce que c'est?...

LE GENDARME. Une lettre du président...

Il la lui donne.

Mme D'HERBINIÈRE. Du président!...

HENRI, *décachetant et lisant*. Que me veut-il?... Ah! grands dieux!... Une chaise! Ah! quel coup!...

Amanda lui avance une chaise.

TOUS. Qu'est-ce donc?

HENRI. *Abiit! excessit! evasit! erupit!*

Mme D'HERBINIÈRE. Explique-toi donc!... Est-ce qu'il devient fou?...

HENRI. L'assassin s'est échappé.

BIDOUX. Il s'est sauvé?...

AMANDA, *avec joie*. Sauvé!... Ah!...

HENRI, *se levant furieux*. Mais c'est impossible!... c'est trop fort... ça n'a pas le sens commun!...

Mme D'HERBINIÈRE. Et comment a-t-il pu sortir?...

HENRI. C'est ce que vous ne croirez jamais... J'ai presque honte à le dire... Dans ma robe, le lâche!... dans ma propre robe, qu'hier au soir... j'avais ôtée... et que j'ai laissée dans sa prison...

Mme D'HERBINIÈRE. Mais il faut qu'on le retrouve... Une affaire si dramatique...

HENRI, *éclatant*. S'il faut qu'on le retrouve, sur l'heure, à l'instant, tout de suite. Il y va de l'honneur de toute la gendarmerie de France... Et la compagnie de Moulins doit être cassée si le criminel se soustrait à la justice. (*Croisant les bras.*) Quoi! vous êtes les protecteurs de l'ordre public, les vengeurs du crime, et cet homme pourra dire à qui voudra l'entendre qu'après son épouvantable forfait...

AMANDA. Mon cousin!...

HENRI. Il est sorti de la prison de Moulins, aussi tranquillement que... que monsieur Bidoux allant faire sa promenade du soir...

Mme D'HERBINIÈRE. Le fait est qu'une pareille licence.

HENRI. Et qu'arrivera-t-il si l'impunité est assurée? si le crime peut ainsi se jouer de la gendarmerie?... Il grandira, se propagera, étendra ses ramifications sur la terre... et alors la société qui... les honnêtes gens que... la population entière... car les lieux dont vous tous enfin... et avec ce système-là ce ne seraient plus les criminels qui arrêteraient les gendarmes,...... ce seraient les gendarmes qui......

Mme D'HERBINIÈRE. Mais, Henri, tu divagues !...

HENRI.

Air *du Verre.*

Ah ! contre cette évasion
Je prodiguais mon éloquence ;
Mais c'est une distraction,
Je me croyais à l'audience.
Pour rasseoir un peu mes esprits,
De grâce, qu'on me soit en aide...
Je ne sais plus ce que je dis ..
Il semble vraiment que je plaide.

(*Au Gendarme.*) On est à sa poursuite, au moins ?

LE GENDARME. Mes camarades sont à cheval sur toutes les routes... moi-même je suis en nage !

Mme D'HERBINIÈRE. Bon gendarme !...

HENRI. Je rentre à Moulins !... Voyons, monsieur Bidoux, aidez-nous un peu... vous qui, « nourri dans nos bois, en savez les détours, » vous pourrez guider ces messieurs dans les retraites les plus cachées.

BIDOUX, *effrayé.* Moi !... que je...

HENRI. La société tout entière y est intéressée !... Prenez votre fusil ; vous connaissez à peu près le signalement... si vous voyez notre homme, allez de dessus... s'il fuit, tirez ; mais n'allez pas me le tuer !...

BIDOUX, *à part.* Moi !... en voilà une idée !...

HENRI. C'est être coupable de complicité que de ne pas le poursuivre.

BIDOUX, *effrayé.* J'irai, monsieur Henri... (*A part.*) Jusque chez moi... Je n'ai plus de jambes !

HENRI. Adieu, ma tante ; adieu, ma cousine !... (*A Bidoux.*) Eh bien ?...

BIDOUX. Me voici ; je vais m'armer... (*à part*) de toute la prudence nécessaire.

Mme D'HERBINIÈRE, *à Henri.* Emmène tous mes domestiques pour vous aider dans vos recherches.

HENRI. Oui, oui, ma tante !...

Air *du Siége de Corinthe.*

Allons, partons, marchons bien vite,
Et que chacun se montre actif.
Dès aujourd'hui tout nous invite
A rattrapper le fugitif.

Mme D'HERBINIÈRE.
Que cette fuite est pour toi déplorable !...

HENRI.
Il ne faut pas désespérer encor ;
Je veux d'avance aux traces du coupable
M'attacher ainsi qu'un remord.

ENSEMBLE.

Allons,
Allez, etc.

Il sort avec Bridoux et le Gendarme.

Mme D'HERBINIÈRE, AMANDA.

AMANDA, *à part.* Pourvu qu'on ne le trouve pas !

Mme D'HERBINIÈRE, *s'asseyant.* Quel incident désastreux !... En vérité, ton cousin n'a pas de bonheur !

AMANDA. Cependant, ma tante, ce pauvre jeune homme, il vaut mieux pour lui, ce me semble...

Mme D'HERBINIÈRE. Que vous importe, mademoiselle ?....... Ah ! mais, une idée, Amanda !...

AMANDA. Ma tante ?...

Mme D'HERBINIÈRE. Prends ton châle et ton chapeau !

AMANDA. Vous voulez sortir ?

Mme D'HERBINIÈRE, Oui, nous allons nous promener au bois... nous le rencontrerons peut-être !...

AMANDA, *souriant.* Est-ce que vous voulez l'arrêter à nous deux ?

Mme D'HERBINIÈRE. Pourquoi pas ?... Oublies-tu de qui je descends ?... En pareil cas, je crois, j'aurais le courage d'une lionne !

Léon qui vient de paraître en dehors de la fenêtre, monte et saute dans l'appartement.

LES MÊMES, LÉON.

LES DEUX FEMMES, *jetant un cri en le voyant.* Ah !....

LÉON. Silence, de grâce !..

Mme D'HERBINIÈRE. Un homme !... un homme ici !... en robe !

AMANDA, *à part.* C'est lui !... ô mon Dieu ! (*Se mettant devant sa tante et faisant des signes à Léon.*) Que voulez-vous, monsieur ?... qui êtes-vous ?... (*S'approchant de lui et vivement à voix basse.*) Feignez de ne pas me reconnaître.. (*Haut.*) Répondez.. qui êtes-vous ?...

LÉON. Je suis... je suis traqué... poursuivi ! Non ! vous ne refuserez pas un asile à un malheureux qui vient avec confiance invoquer l'hospitalité de madame d'Herbinière...

Mme D'HERBINIÈRE. Il sait mon nom ?..

LÉON. Serez-vous plus cruelle pour moi que pour les autres infortunés détenus... C'est à genoux que je vous implore... sauvez-moi et comme eux je vous bénirai....

AMANDA. Eh bien, ma tante....

Mme D'HERBINIÈRE. Relevez-vous, relevez-vous, monsieur !

AMANDA, *à Mme d'Herbinière.* Si nous pouvions le sauver....

Mme D'HERBINIÈRE. C'est très embarrassant.... d'un côté Henri.... et de l'autre... la sainte loi de l'hospitalité... Nous sauverons le proscrit...

LÉON. Ah! madame... une reconnaisance éternelle...

Mme D'HERBINIÈRE, *à Amanda.* Sais-tu que pour un assassin il n'est pas mal?... Voyez-vous cette femme Boyvin....

LÉON. Croyez bien que l'amour seul fut coupable!

Mme D'HERBINIÈRE, *à part.* Elle l'aura ensorcelé!...

AMANDA. Mais, ma tante, il ne faut pas perdre de temps...

Mme D'HERBINIÈRE. Sans doute... mais comment faire?

AMANDA, *à Léon.* Personne ne vous a vu entrer?

LÉON. Non, mademoiselle!...

Mme D'HERBINIÈRE. Si l'on priait monsieur Bidoux de garder monsieur chez lui jusqu'à ce soir... de le cacher... dans sa carriole, par exemple... qui est toujours fermée sous la remise... à la nuit il le conduirait à dix ou douze lieues... à la Palisse...

LÉON. Ce que vous croirez convenable...

AMANDA. Si vous voulez, ma tante, je vais aller prévenir M. Bidoux...

LÉON, *bas, à Amanda.* Restez, de grâce!

Mme D'HERBINIÈRE. Non... j'aime mieux y aller moi-même... *(A part.)* Pauvre jeune homme!.. victime de l'amour... *(Haut à sa nièce.)* Suis-moi, Amanda... je ne veux pas tarder davantage... il faut que je te donne toutes mes instructions... veille bien surtout à ce que personne n'entre ici...

AMANDA. Oh! oui, ma tante!...

LÉON. Ah! madame!... que de remercîments...

Mme D'HERBINIÈRE. Renaissez à l'espérance, pauvre proscrit... je reviens à l'instant...

Elle sort avec Amanda, à qui Léon fait signe de tâcher de revenir.

SCÈNE IX.

LÉON, *seul.*

Eh! mais, malgré sa rigidité... elle est beaucoup plus aimable que je ne croyais, cette digne madame d'Herbinière... ma sœur Henriette qui la dit si terrible... si entichée des prérogatives de la magistrature..... et qui prétend que jamais elle ne m'accordera la main de ma chère Amanda... Elle m'a reçu de la manière la plus cordiale... Il est vrai que pour

le moment je ne suis à ses yeux qu'un justiciable de la magistrature... c'est sans doute pour cela...

AIR de Julie.

> De la méprise, au fond de l'âme,
> Pourtant je bénis mon destin,
> Car cette respectable dame
> Quand elle accorde au farouche assassin,
> Dans le zèle qui la transporte,
> Un asile si bienveillant,
> De sa nièce à l'honnête amant
> Peut-être elle eût fermé sa porte.
> De sa nièce l'honnête amant
> Aurait été mis à la porte.

SCÈNE X.

LÉON, AMANDA.

LÉON. C'est vous?...

AMANDA. Enfin, vous voilà échappé de prison, monsieur... voyons, monsieur, dites-moi vite comment il se fait... Répondez-moi vite...

LÉON. Mon Dieu! que vous dirai-je?... Quand le bruit de ce coup de fusil fatal nous sépara, armé moi-même, comme vous le savez d'un fusil de chasse, je me vis arrêté brusquement, accusé d'avoir tiré sur un M. Boyvin que je ne connaissais pas!... Obligé alors de garder le silence de peur de vous compromettre. Jusqu'à ce que l'évidence ait fait reconnaître la méprise, j'aurais été retenu dans la prison de Moulins, si, pour m'échapper, je n'avais saisi l'occasion par la robe... celle de mon avocat.

AMANDA. En attendant, notre mariage est remis indéfiniment.

LÉON. J'ai bon espoir; brouillé avec votre tante, mon père a un moyen sûr de réconciliation!... Oui, en sa qualité de député, cette place de substitut que desire tant mon rival, votre cousin Henri, il espère l'obtenir pour lui, et apaiser ainsi en même temps la tante et le neveu... Il ne s'agit donc que de gagner un jour ou deux.

AMANDA, *prêtant l'oreille.* O ciel!... Qu'entends-je!... C'est lui!... Il parle à Charlotte...

LÉON. Ah! diable!...

AMANDA. Cachez-vous!...

LÉON. Pourquoi donc, au fait?... je n'ai rien à craindre... c'est mon avocat!...

Il remonte la scène.

AMANDA. Ne vous y fiez pas trop... Adieu! Je vais guetter le retour de ma tante...

LÉON. Vous reviendrez?

AMANDA. Le plus tôt qu'il me sera possible!

Air de *Fra Diavolo*.

De la prudence...

LÉON.

Je ne crains rien.

AMANDA.

Bonne espérance !

LÉON.

Tout ira bien.

ENSEMBLE.

AMANDA.

De la prudence !
Oui, je reviens.
Bonne espérance !
Tout ira bien.

LÉON.

J'ai confiance,
Je ne crains rien,
Et l'espérance
Est mon soutien.

Elle sort par la gauche.

SCENE XI.

LÉON, HENRI.

LÉON, *allant au devant de lui.* C'est vous, mon cher avocat !...

HENRI, *s'écriant et le prenant à la gorge.* Ah !... je vous tiens, enfin.

LÉON. Eh bien... eh bien... vous m'étranglez...

HENRI. Vous allez me suivre...

LÉON. C'est inutile... madame votre tante...

HENRI. Il n'y a pas un instant à perdre...

LÉON. Quand je vous dis que votre tante se charge de mon évasion...

HENRI. Il n'est pas question de ça... suivez-moi...

LÉON. Ah ça... mais où donc ?...

HENRI. Eh bien, en prison.

LÉON. En prison... merci !... j'en ai assez... Lâchez-moi donc !

HENRI. Pour que je vous défende... que je vous sauve...

LÉON. Mais puisque me voilà sauvé...

HENRI. Ne faut-il pas que justice soit faite...

LÉON. Eh ! je me la suis faite moi-même... Avez-vous fini, voyons... vous m'impatientez...

Il se débarrasse de Henri.

HENRI, *se croisant les bras.* Ah ça jeune homme !... prendre la fuite... vous avez donc perdu la tête ?

LÉON. Au contraire... c'est en fuyant que je l'ai conservée...

HENRI. Mais... vous compromettez votre cause... Je veux que vous sortiez blanc de tous les débats... Vous ne comprenez pas votre position... elle est magnifique votre

position... Vous êtes donc bien peu curieux de la gloire. En ce moment votre nom est dans toutes les bouches... toutes les femmes sont pour vous...

LÉON. C'est possible !... mais paraître devant la cour d'assises...

HENRI. Et vous voyez-vous déjà lithographié à trois mille... à trente mille exemplaires... sur papier de Chine... et au bas, écrit en grosses lettres : l'assassin de Boyvin ?

LÉON. Assassin !... mais.... je ne suis pas coupable !...

HENRI. Dites que vous ne le serez plus quand on m'aura entendu. La parole est à la défense : « Messieurs, ce n'est qu'avec l'émotion la plus profonde que j'aborde cette enceinte ; jeune et novice encore, peu habitué à ces causes qui n'apparaissent dans nos contrées ordinairement si paisibles , que comme de rares et sinistres météores, j'éprouve à la fois, comme défenseur et comme homme , une impression que vous comprendrez, messieurs !...

Homo sum, et nihil humani....

(*Il cherche à se rappeler la suite.*) Je ne sais plus... (*Changeant de ton.*) Les preuves foudroyantes que monsieur le procureur général vient d'accumuler ne sont que des faits isolés, présentés avec l'art et le talent qui caractérisent l'honorable parquet de cette vlile. — Je flatte le parquet. — Mais est-il permis, etc., etc., etc.. Tirade sur la nature des preuves et la manière de s'en servir...

LÉON. Oui, mais tout ça ne prouve pas...

HENRI. Attendez ! — Mais nous avons confiance dans les lumières, le sang-froid impartial de messieurs les jurés... Nous savons que lorsqu'il s'agit de livrer une tête à l'échafaud, etc., etc., etc. — J'épouvante le jury !

LÉON. C'est inutile !..... Dites tout de suite...

HENRI. Permettez... — L'accusé était sur le théâtre du crime... mais ceux qui l'ont arrêté y étaient aussi...

LÉON. A la bonne heure !...

HENRI. Une femme était avec lui qui portait une robe blanche... Mais je vous citerais vingt dames à Moulins qui sont susceptibles de porter des robes blanches... plus ou moins... — Je fais rire l'auditoire.

LÉON. Bien !...

HENRI. Silence !... — Boyvin reconnaît l'accusé... Mais les dépositions de Boyvin ne peuvent faire foi... car Boyvin vous l'a dit... Boyvin, au moment de l'attentat était dans une position... d'herbivore, si j'ose m'exprimer ainsi... Il n'a pas pu saisir les traits de l'accusé... puisqu'il le croyait plus petit et qu'il lui donne des cheveux roux... Et je vous le demande, messieurs les jurés... l'accusé a-t-il pu grandir depuis huit jours... ses cheveux ont-ils eu le temps de noircir... et même aurait-il pu faire usage de la pommade Mélaïnocôme de madame Ma, ce qui serait d'ailleurs, au moyen du plus simple réactif, facile à vérifier !...

LÉON. Très-bien !...

HENRI. Silence !... Et d'ailleurs Boyvin n'a même pas su dire si la femme qui s'est sauvée est la sienne... or Boyvin connaît sa femme... et il voyait l'accusé pour la première fois.

LÉON. Bravo !

HENRI. Silence donc ! — Et ce fusil qui nous domine de tout son poids... ce fusil... l'accusé ne vous dit-il pas ingénument... — Je porte sur vous de l'intérêt... — qu'il venait de manquer un faisan... or puisqu'il a manqué, il ne peut avoir blessé.... D'ailleurs, messieurs, de Boyvin à un volatile, je vous le demande, quel rapport ! — Ce qu'il y a de positif, c'est que l'accusé s'est sauvé au moment de l'attentat... mais l'accusé était avec une femme; que ce soit la femme de Boyvin ou une autre... peu importe !.. qui de nous, s'il est vraiment Frrrançais, n'en aurait fait autant?... il a dû céder à la crainte de la comprometure...

LÉON. Bravissimo... c'est ça !..

HENRI. Rien ne prouve d'ailleurs que ce soit la femme de Boyvin...

LÉON. Sans doute...

HENRI. Elle a disparu !... bien !... c'est un hasard... un de ces hasards malheureux... mais enfin, c'est un hasard !

LÉON. Eh ! oui !..

HENRI. Et si c'était une autre femme, messieurs les jurés ?...

LÉON. Eh ! oui !..

HENRI. Et je puis affirmer que c'en est une autre... — Hein ! comme c'est adroit ! — les lois de l'honneur et de la délicatesse ne font-elles pas à l'accusé un devoir une nécessité de se taire ?...

AIR : *Trouverez-vous un parlement.*

Non, vous n'entendrez pas sa voix,
Car, dans sa conduite héroïque,
Il se livre au glaive des lois,
Gardant un silence stoïque.
Ainsi, jadis, un vieux Romain,
A peu près pour les mêmes causes,
Sur des charbons laissait sa main
Comme s'il était sur des roses !...
Oui, froidement il se brûlait la main
Comme s'il était sur des roses.

LÉON. Bravo, bravo, bravissimo !..

SCÈNE XII.

LES MÊMES, AMANDA.

Elle entre par la gauche, et se tient un peu à l'écart, en faisant des signes à Léon, que celui-ci remarque.

HENRI, *continuant.* Vous êtes pères, messieurs les jurés... vous êtes époux... —*ad hominem*, vous entendez, *ad hominem.*

LÉON, *répondant aux signes d'Amanda.* Oui, oui....

HENRI, *plaidant toujours.* Vous êtes époux, vous êtes fiancés peut-être.... et qui vous dit que cette femme n'est pas votre fille... que dis-je ! votre propre femme... votre fiancée... — (*Se retournant et apercevant Amanda.*) Hein !... que vois-je ?... la mienne qui vous fait des signes !...

AMANDA, *s'avançant timidement.* Pardon, mon cousin... c'est que je venais prévenir monsieur... que monsieur Bidoux... il est là !

HENRI. Monsieur Bidoux !...

LÉON. Avec sa carriole ?...

HENRI, *à part.* Que signifie ?..

AMANDA. Oui... (*Bas à Léon.*) Ma tante n'est pas encore de retour... mais il vient d'arriver une lettre de Paris.... ce ne peut être que celle de monsieur votre père... celle dont vous parliez...

LÉON, *avec joie.* Il serait vrai ! ah ! mon cher avocat !...

HENRI. Quoi donc ?...

LÉON. Il n'est plus nécessaire de feindre maintenant... et nous pouvons nous confier à vous sans crainte... c'est mademoiselle que j'aime....

HENRI, *stupéfait.* Hein !...

AMANDA, *honteuse et baissant les yeux.* Mon cousin...

LÉON. Des motifs qui n'existent plus, nous ont empêchés de le déclarer. Mais à présent...

HENRI. Qu'est-ce que j'apprends? (*A part.*) Eh bien, et moi... qui comptais sur ce mariage avec elle... Oh ! mais un instant...

LÉON. Vous voyez, rien ne m'empêche plus de dire la vérité, car je suis innocent... et d'ailleurs, d'après le plaidoyer sublime dont vous venez de me donner un échantillon, je puis rester sans danger.

HENRI. Oh ! doucement. (*A part.*) Diable!

SCÈNE XIII.

LES MÊMES, BIDOUX.

BIDOUX. C'est moi!... Pardon!... Je me suis hâté le plus qu'il m'a été possible...

AMANDA. Nous vous remercions bien, monsieur Bidoux.

HENRI, *étonné*. Qu'est-ce que?...

BIDOUX, *indiquant Léon*. C'est monsieur qui est l'assassin?... Je lui présente bien mon respect...

LÉON. Monsieur...

BIDOUX. Ma carriole est prête. (*A part.*) Je ne suis pas fâché de m'éloigner aussi...

LÉON. Oh! maintenant, je reste!

HENRI. Vous restez!... Ah! vous voulez rester! nous allons voir ça! (*Endossant la robe et se coiffant du bonnet que Léon avait quittés et laissés sur une chaise en entrant, et se posant derrière une petite table en façon de tribune.*) Réplique de l'accusation!

BIDOUX. Comment?

HENRI, *plaidant*. Non, messieurs les jurés, vous ne vous laisserez point prendre aux insinuations captieuses de la défense... Vous jugerez le crime dans sa simplicité... dans son affreuse simplicité... il existe, il est établi, il est prouvé à nos yeux comme il doit l'être aux vôtres...

LÉON. Mais...

BIDOUX, *à part*. Qu'est-ce qu'il dit donc?

HENRI. Enfin le crime existe, vous ne pouvez pas le nier... —L'accusé proteste de son innocence sous le vain prétexte que ceux qui l'ont arrêté étaient aussi bien que lui sur le lieu de l'attentat... mais tous n'avaient pas en main ce fusil, cette arme accusatrice et homicide, avec laquelle le prévenu venait, dit-il, de manquer un faisan... Non, messieurs, il n'a pas manqué... La preuve...c'est que le malheureux Boyvin est encore gisant sur son lit de douleur...

BIDOUX, *à part*. Je ne sais pourquoi je frissonne...

LÉON. Mais encore une fois...

SCÈNE XIV.

LES MÊMES, Mme D'HERBINIÈRE.

Mme D'HERBINIÈRE, *une lettre à la main*. Ah! il plaide!

HENRI. Il proteste de son innocence!... mais

Boyvin l'a parfaitement reconnu... La défense veut vainement s'emparer de quelques restrictions de l'infortunée victime. On dit que l'accusé avait semblé à Boyvin plus petit, qu'il portait des cheveux roux... et l'on trouve invraisemblable que depuis il ait grandi et qu'il ait pu changer ou teindre sa chevelure à l'aide de cosmétiques plus ou moins célèbres... Pitoyable argumentation, messieurs!

Mme D'HERBINIÈRE. C'est superbe!...

LÉON. Comment?

HENRI. L'assassin, doué par la nature d'une taille et d'une tournure remarquables, fera-t-il valoir ces avantages dans la perpétration de son crime... Au contraire, il les dénaturera, se pelotonnera, se rapetissera pour se rendre méconnaissable... Et combien n'at-on pas vu de lâches meurtriers se masquer le visage, ou se couvrir la tête d'un voile?... Or, si le prévenu, à qui l'on a reconnu des cheveux roux, en a de noirs aujourd'hui... la chose s'explique tout naturellement, messieurs, c'est que ce jour-là... il portait perruque.

LÉON, *riant*. Ha! ha! ha!...

AMANDA. Par exemple!...

Mme D'HERBINIÈRE. Sublime! magnifique! admirable!...

BIDOUX, *à part, très-troublé*. Perruque!... ah mon Dieu! mon faux toupet!...

HENRI. Il proteste de son innocence!.... Et cette femme, vêtue d'une robe blanche, qu'on a vue s'éloigner précipitamment du théâtre du crime... Plus de vingt dames à Moulins sont plus ou moins susceptibles de porter des robes blanches, a dit fort spirituellement la défense..... mais aucune n'a quitté son domicile, seule la femme de Boyvin a disparu... et le matin de ce jour néfaste ses vêtements étaient d'une entière blancheur... qu'est-elle devenue?... L'accusé seul pourrait le dire, s'il ne se renfermait pas dans son système de silence et de mystère!....... Vous n'en doutez plus, messieurs les jurés... cet homme, cette femme, c'était la femme adultère, c'était l'assassin, qui se sauvaient, l'un au midi, l'autre au nord, pour jouir paisiblement ensemble de l'impunité qu'ils croyaient acquise à leur forfait... L'adultère vous échappe... mais l'assassin est sous vos yeux... il est là devant vous, déjà torturé par le remords vengeur...

BIDOUX, *à part et dans le plus grand trouble*. Tout mon sang se fige!

HENRI. Et il n'y serait pas... il chercherait en vain à laisser peser sur un autre le poids de son forfait... L'œil inexorable de la justice se fixerait sur lui, messieurs, et, frappé d'épouvante, il entendrait une voix terrible, qui vous dirait à vous aussi : C'est lui ! vengez la société outragée dans un de ses membres... livrez au supplice une tête qui réclame l'échafaud !

Mme D'HERBINIÈRE, *criant.* Bravo !...

Bidoux, vers qui Léon est tourné à la fin de la plaidoirie, hors de lui, et n'y pouvant plus tenir, tombe à genoux.

BIDOUX. Grâce, grâce, messieurs !...

TOUS, *étonnés.* Quoi !...

Mme D'HERBINIÈRE. Il s'est trahi !... c'est lui !...

BIDOUX. Eh ! bien... oui...

BIDOUX. C'est moi qui suis le coupable ! Je tirais sur un lapin quand ce pauvre Boyvin s'est trouvé là, je ne sais comment ; mais je ne suis coupable que d'homicide par imprudence... et vous me sauverez, monsieur Henri !

HENRI. Sans doute, je suis votre avocat, votre innocence peut compter sur moi !

BIDOUX. Vous qui avez un talent !...

Mme D'HERBINIÈRE. Oui, il en a du talent... et on lui rend justice enfin...

HENRI. A moi ?...

Mme D'HERBINIÈRE. Certainement..... Ce digne monsieur d'Hautefeuille, j'étais bien injuste envers lui... En me demandant pour son fils la main de ta cousine, que je lui accorde, il m'annonce qu'il vient de te faire nommer substitut.

HENRI *et* BIDOUX. Substitut !

LÉON. Ah ! madame... je ne sais comment vous exprimer... chère Amanda !...

Mme D'HERBINIÈRE *et* HENRI. Hein !

AMANDA. Eh ! sans doute, ma tante, c'est monsieur Léon d'Hautefeuille.

HENRI, *à Léon.* Grâce à votre père, je suis substitut... cela diminue mes regrets de vous voir le mien auprès de ma cousine..... Touchez-là, cousin !...

Ils se serrent la main.

BIDOUX. Quoi ! monsieur Henri, substitut ?

HENRI. Hélas ! oui, mon cher, et comme tel, je suis forcé de vous faire appréhender immédiatement.

BIDOUX. Au lieu de me défendre, vous allez donc m'accuser... Ménagez-moi, je vous en supplie... je ne suis pas aussi scélérat que j'en ai l'air...

SCÈNE XV.

LES MÊMES, CHARLOTTE.

Mme D'HERBINIÈRE. Enfin..... (*Montrant Léon.*) Je ne suppose pas que ce soit monsieur qui ait séduit madame Boyvin ?...

CHARLOTTE, *qui s'était tenue au fond.* Mais non... ce n'est pas monsieur, ni monsieur Bidoux qui ont séduit madame Boivin... c'est le serpent...

TOUS. Le serpent ?...

CHARLOTTE. Oui... du 34e de ligne, vous savez bien... cette pauvre dame ! il l'avait enlevée dans un fourgon et emmenée à Clermont, où elle est restée sous clef... mais elle est parvenue à s'échapper, et elle vient d'arriver... leur bonne conte ça à tout le monde... c'est à fendre le cœur...

LÉON, *riant.* Pauvre Boyvin !...

HENRI, *à Bidoux.* Vous voilà débarrassé de la question d'adultère... mais il n'en faut pas moins vous constituer prisonnier.

BIDOUX. Je m'abandonne à vous... mais... ménagez ma tête...

HENRI. Je tâcherai de concilier mes nouveaux devoirs avec l'intérêt que vous m'inspirez... Nous admettrons des circonstances atténuantes... Mais vous comprenez qu'il me faut mon criminel, à moi ! Venez... je veux moi-même vous conduire au greffe !... Une minute pourtant... avant d'entrer en fonctions.. j'ai une dernière cause à plaider ici... Assassin de Boyvin, vous êtes prisonnier sur parole...

BIDOUX. Je vous attends...

Mme D'HERBINIÈRE. Écoutons !...

HENRI, *au public.*

AIR : *Bonjour, mon ami Vincent.*

Messieurs, vous condamnerez
Cet ouvrage... mais que dis-je ?...
Messieurs, vous excuserez
Cette espèce de vertige...
J'allais accuser... mais de substitut
A tort je croyais faire mon début ;
Je m'honore
D'être avocat encore !...
De grâce, messieurs, prouvez que l'auteur,
De plaider pour lui quand j'ai le bonheur,
Trouve en moi, ce soir, un bon défenseur !

PARIS. — IMPRIMERIE DE Ve DONDEY-DUPRÉ,
rue Saint-Louis, 46, au Marais.

Imprimerie de Mme Ve Dondey-Dupré , rue Saint-Louis , 46 , au Marais.